Cry

CW00456514

Conseils ~~du commerce~~ ~~~~
d'Investissement pour les Débutants

STELLAR MOON PUBLISHING

Avis de non-responsabilité

Introduction

Le dernier crash du bitcoin

Cela ne peut avoir échappé à personne : Le bitcoin a pris des coups durs. Comme tout marché financier, le commerce du bitcoin est dirigé par l'émotion.

Ou plutôt, les investisseurs en crypto-monnaies sont guidés par l'émotion et les récents tweets d'Elon Musk provoquent beaucoup de FUD ("Fear, Uncertainty, Doubt"). De manière totalement inattendue, il a attaqué le bitcoin sur la consommation d'énergie fossile et l'empreinte carbone.

Malgré le fait que cette histoire a été démentie de nombreuses fois, les gens sont très sensibles à cela, et quand une si grande célébrité crie quelque chose, la plupart des gens le croient immédiatement et la peur se rassemble autour. Qu'est-ce que cela signifie pour le prix du bitcoin et des autres crypto-monnaies ?

Stellar Moon Publishing a compilé ce livre pour offrir un aperçu des meilleures astuces et stratégies de trading pour 2021. Ce livre a été écrit par un groupe d'experts en crypto-monnaies. Avec ce livre, nous nous efforçons de vous fournir les meilleures informations sur le trading et les investissements en crypto-monnaies.

Alors que le prix du bitcoin était récemment en train de rebondir, la peur s'est installée et la déflation a été importante. L'avantage, c'est que les vrais niveaux de support solides se détachent désormais. Malgré toute la panique : la barrière des 30 000 dollars ne semble pas devoir être franchie de sitôt. Même Elon ne pourra pas la faire tomber aussi bas !

Pendant ce temps, la plupart des crypto-monnaies alternatives sont en plein essor.

Étant donné qu'ils sont plus intéressants en termes de consommation d'énergie, ils pourraient constituer une alternative au bitcoin pour les échanges de valeurs à long terme.

Ces pièces qui pourraient avoir une perspective d'avenir stable sont Cardano **(ADA)**, Stellar Lumens **(XLR)**, Ripple **(XRP)**, Solana **(SOL)**, EOS **(EOS)** et Tron **(TRX)**.

Dans ce livre, nous parlerons plus en détail du fonctionnement de ces pièces individuelles, des raisons pour lesquelles le bitcoin restera fort à long terme et des raisons pour lesquelles ces pièces alternatives pourraient devenir une part importante du marché des crypto-monnaies.

Le prix du Cardano n'attend pas que les investisseurs achètent à la baisse.

Pour commencer, le [5] mai 2021, Cardano est sorti d'une configuration ascendante qui s'était formée au cours des derniers mois. Cette rupture s'est accompagnée d'un bond remarquable du volume du marché. Cela a marqué un changement de tendance pour l'altcoin. Cette pièce avait montré peu d'action sur les prix au cours des deux derniers mois. Malgré l'énorme crash cryptographique provoqué par Elon Musk, ADA résiste bien. En fait, le prix a augmenté de 6 % récemment.

Un krach encore plus important sur le marché des crypto-monnaies est la seule chose qui pourrait empêcher une poussée vers la barre des 2,27 dollars.

Autour de 1,57 $ se trouve un soutien important pour Cardano à l'avenir. Plus de gens achèteront une fois qu'ils verront qu'un point de prix plus élevé semble se stabiliser. Par conséquent, il n'y a aucune chance que le prix baisse beaucoup plus loin que ce niveau.

Les systèmes de pompage et de vidange sont plus populaires que jamais

Avec des pièces telles que Dogecoin, Shiba coin et Safemoon qui dominent le marché des crypto-monnaies en termes de bénéfices d'investissement, il convient de tirer la leçon que suivre et acheter des tendances en se basant uniquement sur le montant d'argent qui pourrait être gagné à court terme est plus risqué que jamais.

Table des matières

Avis de non-responsabilité...1

Introduction..3

Table des matières...7

Nos livres...9

Systèmes de pompage et de décharge 10

Dogecoin... 12

Valeur intrinsèque des crypto-monnaies 15

Safemoon et Shiba Inu : des projets d'escroquerie ? 19

La valeur intrinsèque du bitcoin..............................21

Confidentialité des transactions en bitcoins............ 23

Pourquoi le bitcoin est un investissement solide à long terme.. 25

La pénurie actuelle de puces....................................... 28

Stratégies d'investissement dans les crypto-monnaies 30

Conseils essentiels pour réussir dans le domaine des crypto-monnaies 38

Bitcoin contre Ethereum 49

Qu'est-ce que l'Ethereum ?..................................... 51

Pourquoi Ripple attire-t-il l'attention ? 60

Le procès de Ripple 63

Quel est le prix du Ripple ?...................................... 66

Cardano : la pièce intelligente..................................68

Quel est le prix du Cardano ?... 71

Nano...**73**

Quel est le prix du Nano.. 76

Lumières stellaires...**77**

Stellar Lumens vaut-il la peine d'être investi ?............ 80

Binance Futures..**82**

Le risque de Binance Futures..................................... 86

Solana..**88**

Pourquoi devriez-vous investir dans Solana ?............. 90

EOS..**91**

TRON...**94**

Maille de chaîne..**96**

Conclusion...**101**

Nos livres..**102**

Nos livres

Consultez notre autre livre pour en savoir plus sur les NFT, le trading et la vente de NFT, comment faire des bénéfices et les conseils et stratégies essentiels pour un démarrage sans faille dans l'univers des NFT.

Rejoignez le cercle exclusif des éditeurs de Stellar Moon !

Vous aurez un accès instantané à la liste de diffusion avec des mises à jour de nos experts chaque semaine !

Inscrivez-vous ici dès aujourd'hui :

https://campsite.bio/stellarmoonpublishing

Systèmes de pompage et de décharge

Ce n'est jamais une bonne idée de suivre sans réfléchir le battage médiatique d'une pièce de monnaie prise au hasard, juste parce que des gens prétendent avoir fait d'énormes profits en une nuit.

Il s'agit généralement d'un schéma "classique" de pompage et de déversement, qui consiste à utiliser l'influence des actualités, des blogs cryptographiques, des youtubeurs et autres influenceurs, des plateformes de médias sociaux telles que Reddit et Facebook pour faire grimper le prix d'une pièce apparemment aléatoire, afin de réaliser des bénéfices massifs avec une pièce cryptographique.

L'idée générale est d'acheter tôt et de vendre la quantité de pièces achetées lorsque le prix est multiplié par 1000.

Il est facile de reconnaître ce schéma car les revendications suivent généralement la tendance suivante :

Le prix de lancement d'un shitcoin aléatoire est de 0,000001 $, avec la prétention que si cette pièce grimpe à 0,001 $, vous ferez environ 1000x le bénéfice.

Ces affirmations concernant des pièces de monnaie aléatoires qui sont sur le point d'éclater sont partout sur Internet ; Tiktok, Instagram, Facebook et Reddit fourmillent de publicités payées et non payées concernant des systèmes de pompage et de vidage.

Tout cela signifie simplement que quiconque est dans le coup peut réaliser des profits considérables, à condition de convaincre suffisamment de personnes d'adhérer au battage médiatique.

Les influenceurs sont payés pour diffuser ces informations.

Il peut payer jusqu'à 25 000 dollars par message si vous êtes un influenceur prêt à promouvoir l'un de ces programmes. En effet, si vous accumulez un nombre décent d'adeptes, il y a plus de chances que les gens adhèrent à ce que vous avez à leur dire.

En tant que consommateur de contenu, et en tant que personne qui cherche à s'approprier le prochain engouement, l'esprit critique est votre meilleur atout.

Dogecoin

Le meilleur exemple d'un pompage et d'un déversement avec l'influence des médias sociaux est ce qu'Elon Musk a fait avec le Dogecoin et le Bitcoin, quelques tweets et mentions sur les deux pièces, et comme vous l'avez probablement vu dans les nouvelles récentes, le prix du Bitcoin et du Dogecoin augmente, et il a acheté, en particulier dans le Bitcoin, avant qu'il ne commence la rumeur, il a probablement fait un milliard de profits simplement en le mentionnant dans un tweet, comme il a récemment causé un crash dans le prix du Bitcoin.

Elon Musk est un homme intelligent à cet égard, suivez sa stratégie d'investissement, où il achète une quantité massive de bitcoins, affirmant que sa société Tesla, acceptera désormais les paiements en bitcoins pour les voitures et fait grimper le prix par une marge massive, un sommet historique de plus de 60 000 $.

Et peu de temps après, Elon Musk lâche une bombe en disant à Internet que l'exploitation minière du bitcoin est terrible pour l'environnement, ce qui signifie qu'il a vendu à un prix élevé, regardant le marché s'effondrer, et créant un nouveau point d'entrée pour les gens qui veulent acheter.

Il a commencé à tweeter sur le Dogecoin début avril, avec un prix de départ d'environ 0,05 $, et le [16] avril, le prix a atteint un sommet historique de 0,39 $.

Une courte baisse a suivi, la pièce est retombée à 0,19 $ le [23] avril, puis elle a continué à augmenter pour atteindre un nouveau sommet de 0,71 $ le [5] mai, suivi d'une autre baisse, le prix actuel étant de 0,50 $.

Il n'y a pas grand-chose à dire sur l'avenir du Dogecoin car il ressemble à une sorte de blague. Elon Musk a prouvé par le passé qu'il était un grand fan de la culture Internet, et qu'une monnaie comme le Dogecoin, qui régit le marché financier, n'est rien de plus qu'une blague élaborée.

Donc, si vous vous sentez chanceux, vous pouvez acheter du Dogecoin et faire le pari que son prix doublera dans un avenir proche, mais tout succès est entièrement basé sur la chance avec une pièce dont le prix est basé sur la spéculation. Donc, par essence, investir dans certaines crypto-monnaies est un peu un pari.

Une bonne règle à suivre si vous êtes prêt à parier sur les systèmes de pompage et de déversement est d'acheter lorsque les rumeurs commencent et de commencer à vendre lorsque les nouvelles principales arrivent.

Étant donné que le prix augmente rapidement dès qu'une pièce à la mode fait la une des journaux, cela signifie également que beaucoup de personnes qui ont acheté tôt profitent de ce moment pour encaisser, vendre la pièce et en tirer un bénéfice, ce qui entraîne une chute presque immédiate du prix lorsqu'un grand nombre de pièces sont vendues sur l'un des marchés.

Cela signifie que si vous n'avez pas d'informations solides sur le moment où ce dump va se produire, vous êtes condamné à perdre votre mise, si vous êtes en retard. Puisque les crypto-monnaies sont décentralisées, elles sont fondamentalement impossibles à réguler tant que l'information est diffusée et qu'elle suit la tendance.

Valeur intrinsèque des crypto-monnaies

N'achetez pas de pièces nouvelles ou relativement inconnues comme investissement à long terme si elles ne présentent aucune valeur intrinsèque.

Un bon conseil serait donc de savoir ce que vous achetez, de savoir s'il s'agit d'un "shitcoin", une arnaque marketing que les gens utilisent pour faire grimper les prix, ou si la pièce a une réelle valeur d'application.

Par exemple, Ripple (XRP) vise à devenir le prochain réseau mondial de paiements pour les institutions financières. Si vous suivez l'actualité autour de Ripple, il est un peu plus facile de prédire l'évolution du cours. Pour l'instant, la société détient une participation de 40 % dans le système de paiements transfrontaliers d'Asie et elle travaille dur pour consolider son avenir en tant qu'instrument financier.

À l'heure actuelle, la création d'une nouvelle pièce prend environ 5 minutes si vous voulez créer un système de pompage et de vidage. La prochaine étape sera le marketing, assurez-vous que les gens sachent que votre pièce sera la prochaine qui les rendra riches et suscitera l'intérêt sur Internet.

Cette pièce doit être une pièce qui n'a pas besoin de preuve de travail comme le Bitcoin, comme expliqué dans le chapitre "**La valeur intrinsèque du Bitcoin**".
15

Ainsi, si vous souhaitez créer vous-même une pièce de monnaie, faire une copie d'une pièce existante dont l'échange et le lancement ne demandent aucun effort, vous pourrez probablement trouver un tutoriel pour la mettre en place sur YouTube.

Appelez la nouvelle pièce de monnaie avec des mots-clés tels que "safe" ou "going to the moon" (aller sur la lune), comme le tristement célèbre "Safemoon", affirmez qu'elle va exploser et assurez-vous que le plus grand nombre de personnes possible doivent conserver cette pièce car elle les rendra riches. Il est préférable de mettre en place des frais élevés s'ils veulent la vendre.

Publiez un livre blanc sur votre pièce ; un livre blanc est une explication du fonctionnement de la pièce, de la façon de l'acheter et d'autres informations essentielles pour susciter l'intérêt des investisseurs.

Dans le cas d'un système de pompage et de déversement, il s'agirait idéalement d'un document réclamant des frais de transaction qui seraient versés aux détenteurs de pièces. L'idée derrière ces frais de transaction versés aux autres détenteurs de pièces est de créer un sentiment de sécurité pour les investisseurs potentiels.

Si une nouvelle personne achète des pièces et qu'elle incite ses amis à en faire autant, tout le monde semble profiter d'un tel système. Ils veulent créer l'illusion que si le plus grand nombre de personnes possible achète cette pièce, tout le monde s'enrichit.

Toutefois, pour que cela soit possible, il est essentiel que la pièce ait une valeur intrinsèque. Si vous devez acheter et conserver la pièce pour qu'elle prenne de la valeur, il sera décourageant de la vendre pour des dollars car, par essence, son prix chuterait.

Et pour faire simple, c'est un système mort si la valeur doit provenir de personnes qui doivent acheter. Ce système indique seulement qu'une fois qu'un nombre suffisant de personnes ont acheté, les propriétaires et les grands détenteurs de pièces peuvent vendre, faire chuter la valeur de la pièce pendant que les autres personnes qui ne sont pas présentes au moment de la vente subissent une perte.

Pour donner un exemple ;

Si la personne A achète 10 pièces et que les frais de transaction sont de 10 %, 1 pièce de ces pièces est répartie entre les autres détenteurs de pièces, donc s'il y a 10 détenteurs de pièces à ce moment-là, tous recevront 0,1 pièce de cette transaction.

De nombreuses pièces de monnaie frauduleuses dont on fait la promotion en ce moment se vantent d'un système similaire à celui expliqué dans l'exemple, promettant que leur valeur explosera si suffisamment de personnes achètent et que tout le monde reçoit une part lorsque quelqu'un achète.

Si vous aviez prêté attention et lu entre les lignes, vous en auriez conclu qu'il s'agit de l'équivalent en crypto-monnaies d'un système pyramidal.

Safemoon et Shiba Inu : des projets d'escroquerie ?

Pour ceux d'entre nous qui suivent le marché des crypto-monnaies depuis un certain temps, nous savons que le bull run de 2017 et 2018 a été accompagné d'une flopée de pièces de monnaie qui étaient non seulement aussi volatiles que le bitcoin, mais aussi aussi volatiles que le jour où le bitcoin s'est effondré.

Ces projets d'escroquerie, ou shitcoins comme certains les appellent, donnent une mauvaise réputation à la crypto, mais il semble que ce soit une bonne partie de l'industrie en tant que nouvelle technologie. Avec tout le battage médiatique autour du Bitcoin et de l'Ether, nous devons garder à l'esprit qu'une variété de pièces plus petites vont également prendre de la valeur.

Comme nous l'avons expliqué précédemment, les systèmes de pompage et de déversement, comme le tristement célèbre Safemoon, sont essentiellement l'équivalent en crypto-monnaies d'un système pyramidal.

Avec la montée rapide de la pièce Shiba, beaucoup de gens se demandent si un crash est imminent. Comme Binance l'a annoncé plus tôt récemment, les portefeuilles n°1, n°2 et n°5 contiennent respectivement 50,5 %, 7,0 % et 3,0 % de l'offre totale, ce qui serait normalement extrêmement inquiétant, mais dans ce cas, c'est une histoire encore plus étrange.

Les développeurs de Shiba Inu ont envoyé 50 % de leurs jetons au fondateur d'Ether, Vitalik Buterin, lors du lancement.

Nous sommes un peu positifs au sujet de la pièce Shiba pour le moment, mais il semble qu'en raison du faux sentiment de sécurité, une situation est créée avec un faible seuil pour risquer votre argent.

Nous prévoyons que cette pièce sera également très volatile et qu'elle aura probablement un avenir parmi les milliers de projets de pompage et de vidage.

Binance a également inscrit SHIB dans sa zone d'innovation, rendant possible l'achat de Shiba Inu par l'intermédiaire de la bourse (ce qui ne peut se faire qu'après avoir rempli un questionnaire).

Cependant, Safemoon compte actuellement plus de 1,9 million d'utilisateurs, mais Binance refuse de l'écouter. Alors que le PDG Changpeng Zhao a précédemment déclaré que lorsqu'un projet a un grand nombre d'utilisateurs, ils l'écouteront. Les utilisateurs de Safemoon sont plus nombreux que ceux de Shiba, et Safemoon a également fourni un nombre record de transactions sur la Smart Chain de Binance.

La valeur intrinsèque du bitcoin

Le bitcoin a une valeur intrinsèque dans sa transaction. Une transaction Bitcoin est un calcul, et ce calcul donne lieu à une récompense, un bloc, un Bitcoin, d'où le nom de blockchain. Puisque chaque transaction Bitcoin est un calcul qui consiste en tous les autres calculs (consistant en des transactions précédentes) menant à la transaction.

Ainsi, depuis que le bitcoin est utilisé depuis 2009, ces innombrables transactions ont conduit au point où il faut une immense puissance de calcul pour effectuer une transaction. L'exécution de ces calculs s'appelle le minage, et c'est une activité où le minage de Bitcoin nécessite plus d'électricité qu'un petit pays à ce jour.

Pour que le bitcoin s'effondre complètement, il faudrait que les gens cessent de l'échanger à un moment où une transaction coûterait trop cher à calculer. Ce principe garantit donc l'avenir à long terme du bitcoin tant que les gens l'utilisent pour faire du commerce.

En outre, le bitcoin a été la monnaie fondamentale du marché noir, car les propriétaires de bitcoins ne peuvent pas être suivis grâce à des données personnelles comme celles d'un compte bancaire, et le bitcoin peut donc être utilisé pour acheter n'importe quoi en dehors de la loi.

Aucune banque ou institution financière ne détient les détails des comptes et les informations personnelles des propriétaires de bitcoins. Et si vous souhaitez préserver la confidentialité de la quantité de bitcoins que vous possédez, il est conseillé de les conserver dans un portefeuille physique tel que le Trezor One.

Par conséquent, pour que vos transactions restent aussi hors réseau que possible, assurez-vous d'utiliser un moyen anonyme d'acheter vos bitcoins et évitez les plateformes d'échange qui exigent des données personnelles pour les utiliser.

Confidentialité des transactions en bitcoins

Les plateformes d'échange de bitcoins peuvent exiger l'accès à des données personnelles pour pouvoir utiliser cette plateforme, d'autant plus que certains gouvernements veulent suivre ces transactions.

La plateforme Binance fait actuellement l'objet d'une enquête pour fraude fiscale et blanchiment d'argent de la part du gouvernement américain, uniquement parce que ce dernier veut savoir qui négocie et qui possède quoi sur ces plateformes.

Ils ont même proposé aux plateformes de payer pour obtenir des détails personnels, et même si de nombreuses plateformes de trading de crypto prétendent avoir une parfaite confidentialité des clients, ce ne serait pas la première fois, qu'ils vendent des données personnelles à des tiers. Il y a même des rumeurs selon lesquelles certaines plateformes se vendent au gouvernement, mais rien ne peut être dit avec certitude.

Bitcoin a été construit pour décentraliser la valeur. D'après ce que le passé peut nous apprendre, l'argent dirige le monde, et si vous contrôlez de grandes quantités d'argent, vous avez un pouvoir presque infini.

Une autre règle est également vraie, à savoir que l'argent corrompt indéfiniment. L'argent a été la cause de la cupidité, de l'égoïsme et de la pauvreté dans le monde entier et il est entre les mains d'un très petit pourcentage de personnes.

Le bitcoin peut être utilisé pour déstabiliser la réserve de valeur mondiale si suffisamment de personnes y adhèrent. Le système bancaire classique repose sur l'inflation dans le système économique actuel et si suffisamment d'argent afflue sur le marché des crypto-monnaies, cela déstabilisera l'inflation de l'argent ordinaire.

Les banques utilisent l'argent que les gens stockent pour investir dans ce qu'elles jugent rentable ; elles ont également utilisé une bonne partie de cette valeur pour créer des prêts tels que des hypothèques.
Mais à ce stade, ils doivent continuer à imprimer de l'argent pour faire fonctionner le système, car plus de prêts signifie moins de valeur réelle de l'argent. Et si vous mettez la valeur à côté du flux d'argent mondial actuel, c'est une bulle de crédit géante prête à exploser.

Pourquoi le bitcoin est un investissement solide à long terme

Cette bulle de crédit illustre pourquoi le bitcoin est un investissement solide pour le long terme. Si l'on considère la valeur totale des échanges de bitcoins en dollars à l'heure actuelle, l'ensemble du marché des bitcoins est évalué à la somme stupéfiante de 846 019 261 238,40 $, soit 846 milliards de dollars.

Ainsi, le bitcoin a atteint une valeur de près de 1 000 milliards de dollars, et il est sur le point de dépasser le dollar, qui compte environ 1 200 milliards de dollars dans le monde.

Pour mettre le marché des crypto-monnaies en perspective, la capitalisation totale du marché est évaluée à 2,2 trillions de dollars.

Il faut savoir que le minage des bitcoins deviendra exponentiellement plus difficile, nécessitant plus de puissance de traitement et plus d'électricité au fil du temps, tant que les bitcoins seront utilisés. Un autre fait important pour la valeur du bitcoin est que la quantité de bitcoins est limitée, ce qui signifie qu'à un moment donné, le dernier bitcoin sera extrait, et on estime actuellement que cela prendra plus de 100 ans.

Cela signifie que le prix du bitcoin est loin d'être celui qu'il sera dans 20 ans ou plus et, compte tenu du taux d'inflation actuel, c'est une réserve de valeur extrêmement souhaitable à long terme.

C'est un fait que le dollar va continuer à gonfler, il semble qu'il faille qu'il s'effondre à un moment ou à un autre, car à un moment ou à un autre, il rendra simplement les prix déraisonnablement élevés, rendant le dollar de plus en plus sans valeur au fil du temps.

Vous pouvez en voir la preuve dans les prix des matériaux bruts tels que le bois en ce moment. Ces prix sont très élevés, et ils commencent lentement à déstabiliser le marché du logement.
La cause de cette situation réside dans le fait que Donald Trump a augmenté massivement les droits de douane sur les importations de bois en provenance de Chine en 2020, créant ainsi une situation dans laquelle les États-Unis achètent tout le bois en provenance d'Europe, ce qui entraîne une hausse considérable des prix.

De ce fait, la rénovation, la construction de nouveaux logements et d'autres projets nécessitant de grandes quantités de bois deviennent beaucoup plus chers, au point d'influencer les prix sur le marché de l'immobilier en ce moment.

Les maisons n'ont jamais été aussi chères en Europe, au point que cela commence à poser des problèmes sur d'autres marchés.

Cela signifie que les banques doivent accorder un prêt beaucoup plus important pour une maison plus petite qu'il y a dix ans, ce qui ne fera que contribuer à l'élargissement de la bulle du crédit et de ses effets sur tous les aspects de l'économie.

La pénurie actuelle de puces

Le plus grand facteur contribuant à la réserve de valeur du bitcoin est la pénurie de puces. Le bitcoin est l'un des facteurs de l'augmentation de la valeur des puces et la demande accrue entraîne une hausse des prix et une pénurie.

L'une des spéculations est qu'Elon Musk a provoqué ce crash car la pénurie de puces affecte également la production des voitures Tesla. Donc, perturber le prix du marché du Bitcoin, perturber le marché des équipements de minage du Bitcoin, cela pourrait potentiellement créer un peu d'espace sur le marché des puces.

Un espace indispensable pour d'autres fabricants qui, d'une manière ou d'une autre, utilisent des puces et des semi-conducteurs.

Mais la certitude demeure que la difficulté de l'extraction de bitcoins augmentera tant que le commerce de bitcoins existera, exigeant davantage du marché des puces et faisant grimper les prix des équipements nécessaires à l'extraction de bitcoins.

L'informatique quantique n'aura pas d'impact sur le minage du bitcoin

En termes simples, des études récentes, réalisées par Louis Tessler et Tim Byrnes, ont montré que l'informatique quantique ne peut pas effectuer le minage de Bitcoin plus efficacement que les méthodes actuelles de minage de Bitcoin. Par conséquent, la preuve de travail du minage de Bitcoin a un avenir très stable dans l'environnement informatique actuel, sans aucune menace qui rendrait la preuve de travail du minage de Bitcoin obsolète.

En conclusion, et en tenant compte de tous ces différents facteurs, il peut être très judicieux, pour faire fructifier un capital à long terme, d'investir une somme mensuelle en bitcoins, que vous auriez normalement épargnée sur une banque ordinaire.

Stratégies d'investissement dans les crypto-monnaies

Une bonne stratégie à appliquer pour détenir des bitcoins ou d'autres crypto-monnaies consiste à n'investir que l'argent dont vous n'avez pas besoin à court terme. Le bitcoin par exemple, dans son état actuel, est encore extrêmement volatile, et si vous suivez son cours de près, en ne vous attendant qu'à une croissance, vous risquez de vivre des montagnes russes émotionnelles.

Voici les 5 étapes d'une stratégie d'investissement en crypto-monnaies réussie.

Étape 1 : Décidez du montant que vous souhaitez investir.

La première étape d'un investissement réussi en crypto-monnaies consiste toujours à déterminer le montant de l'investissement. Ce n'est que lorsque vous savez combien vous voulez investir en crypto-monnaies que vous pouvez commencer à élaborer une stratégie appropriée. Par exemple, si vous ne voulez investir qu'un petit montant, il peut être intéressant de choisir les altcoins un peu moins chers sur lesquels vous avez fait suffisamment de recherches. Il est essentiel de comprendre la valeur de la pièce dans le système financier.

Si vous disposez d'un budget plus important, l'investissement en bitcoins, par exemple, peut être une option. Par conséquent, déterminez toujours le montant de l'investissement à l'avance et veillez à ne pas vous en écarter par la suite. Il peut être très tentant d'investir de plus en plus d'économies dans les crypto-monnaies.

Bien que dans certains cas cela puisse être intelligent (par exemple lorsque vous n'avez pas besoin de l'épargne et que vous voyez de belles opportunités d'investissement), il est toujours important de conserver une épargne suffisante en monnaie normale. Ainsi, en cas d'urgence, vous n'aurez pas à commencer immédiatement à vendre des crypto-monnaies pour pouvoir financer les dépenses (imprévues) nécessaires.

Étape 2 : Déterminer votre stratégie d'investissement appropriée

Dans le cadre d'un investissement en crypto-monnaies, de nombreuses stratégies différentes sont imaginables. Par exemple, vous pouvez choisir d'investir à long terme ou à court terme. La stratégie qui vous convient le mieux dépend entièrement de votre situation personnelle. Les facteurs qui peuvent influencer le choix de la stratégie sont, par exemple, la durée pendant laquelle vous souhaitez investir l'argent, le temps que vous souhaitez consacrer vous-même (quotidiennement ou hebdomadairement) à votre crypto-monnaie et le degré de connaissance que vous avez déjà des crypto-monnaies.

Il existe généralement deux stratégies que vous pouvez suivre lorsque vous investissez dans les crypto-monnaies. La première stratégie consiste à conserver les pièces pendant une longue période afin de maximiser les profits. La deuxième stratégie est ce que l'on appelle le day trading, où vous achetez des crypto-monnaies dans le but de les revendre à court terme.

Il existe généralement deux stratégies que vous pouvez suivre lorsque vous investissez dans les crypto-monnaies. La première stratégie consiste à détenir les pièces pendant une période plus longue afin de maximiser les profits. (investissement à long terme) La deuxième stratégie est ce que l'on appelle le day trading, où vous achetez des crypto-monnaies dans le but de les revendre à court terme.

Fixez vos objectifs

Le trading des actions ou des crypto-monnaies est un grand jeu entre les "Bulls" (acheteurs) et les "Bears" (vendeurs). Un groupe parie que le prix va baisser alors que dans le même temps, l'autre groupe parie que le prix va monter. Dans le cadre du Crypto Trading, vous pouvez grossièrement vous fixer deux objectifs :

1. **Accumuler plus de bitcoins :** en échangeant des Altcoins contre des bitcoins, vous vous assurez d'avoir de plus en plus de bitcoins en votre possession. Les personnes qui choisissent cette option sont convaincues que les bitcoins vont devenir beaucoup plus précieux à long terme, et elles veulent donc fixer autant de bitcoins que possible.

2. **Collectionner plus de devises Fiat (comme les Euros, les Dollars et autres) :** En échangeant des Bitcoins ou des Altcoins contre des Euros, par exemple, vous pouvez vous assurer de posséder de plus en plus de Fiat. Ce groupe de personnes utilise les bitcoins comme n'importe quelle autre unité négociable. Ils ne croient donc pas à la valeur sous-jacente, mais trouvent surtout intéressante la volatilité de la pièce.

Long terme ou court terme ?

Les bases du trading et de l'investissement sont simples : achetez des cryptocurrences lorsque leur prix est bas et vendez-les lorsque le prix est élevé. Cela est également appelé "long" en termes de trading.

Vous pouvez aussi le faire exactement dans l'autre sens, vendre vos cryptocurrences lorsque les prix sont élevés et les racheter lorsque le prix a baissé. C'est ce que l'on appelle aussi "Short" en termes de trading.

Toute personne qui commence à trader prendra toujours une position "longue". Vous achetez des crypto-monnaies et les vendez lorsque le prix est plus élevé. Les positions courtes sont principalement utilisées par les traders expérimentés qui utilisent également l'effet de levier. Cependant, nous le déconseillons aux débutants, car cela peut aussi vous faire perdre votre argent très rapidement.

Étape 3 : Trouvez les pièces dans lesquelles vous souhaitez investir.

Choisir une crypto-monnaie intéressante, surtout au début, est probablement l'une des étapes les plus difficiles. Quand est-il intéressant d'investir dans une monnaie ? Quand faut-il absolument ne pas investir dans une monnaie ? Si vous connaissiez les réponses à ces questions, vous seriez millionnaire en quelques heures. Malheureusement, personne ne connaît la réponse à ces questions avec une certitude absolue et, d'une certaine manière, il s'agit toujours d'un pari. Mais grâce à ce livre, vous avez pu mieux comprendre pourquoi le bitcoin peut être un investissement sûr à long terme et comment vous pouvez perdre votre argent rapidement en participant à un système de pompage et de déversement sans connaissances préalables.

Ainsi, en acquérant suffisamment de connaissances sur les pièces dans lesquelles vous souhaitez investir, vous pouvez effectivement faire une bonne prédiction. Bien sûr, il est toujours intelligent de répartir les opportunités.

Par conséquent, n'investissez jamais dans un seul type de crypto-monnaie, mais répartissez votre dépôt au moins sur 2 à 3 pièces différentes. Bien sûr, il est également vrai que l'acquisition de connaissances reste un processus continu. Il n'est donc pas possible de dire à un moment donné que vous avez une " connaissance suffisante " de vos pièces et de ne plus faire de recherches supplémentaires.

Étape 4 : Le bon moment

Si vous vous documentez depuis un certain temps sur des pièces spécifiques, vous avez probablement déjà une idée du moment idéal d'achat pour vous. Pour déterminer le moment idéal d'achat, il est en tout cas judicieux d'analyser attentivement les prix de ces derniers temps. Souvent, l'évolution des prix de certaines monnaies présente une tendance claire. En outre, il est également important de déterminer le moment de la vente.

Quand vendez-vous enfin les pièces ? Le moment de la vente est différent pour chacun. Il dépend entièrement de la valeur de vente avec laquelle vous seriez satisfait. Bien que le moment de la vente soit différent pour chacun, il est certainement sage de déterminer à l'avance à quelle valeur de prix vous envisagez de vendre votre crypto-monnaie. Bien sûr, personne ne vous obligera en fin de compte à les vendre à cette valeur, mais cela vous donne quelque chose à quoi vous accrocher dans le monde incertain des crypto-monnaies.

Étape 5 : Demandez de l'aide

En particulier lorsque vous commencez à investir dans les crypto-monnaies, il y a beaucoup de choses que vous ne savez pas encore exactement. Bien qu'il y ait une énorme quantité de connaissances à trouver sur Internet, il peut également s'avérer payant de demander l'aide des experts de temps en temps.

De plus en plus de conseillers financiers peuvent fournir d'excellents conseils pour investir dans les crypto-monnaies. Bien sûr, il est important d'être critique lors du choix d'un conseiller financier. Les coûts sont souvent élevés, mais les bons conseillers financiers spécialisés dans les crypto-monnaies ne coûtent rien en pratique. Ils fournissent beaucoup plus de bénéfices que le coût des conseils que vous dépensez.

Chez Stellar Moon Publishing, nous travaillons avec un certain nombre de conseillers qui peuvent vous fournir des conseils appropriés pour élaborer une stratégie rentable pour vos investissements en crypto. Consultez les options de contact à la fin du livre et faites-nous savoir si vous avez besoin d'aide dans votre démarche.

Conseils essentiels pour réussir dans le domaine des crypto-monnaies

Les règles de sécurité sont écrites dans le sang. C'est une déclaration que tout soldat qui sert son pays connaît bien. Bien que nous ne discutions pas ici du risque pour la vie humaine, il est extrêmement gênant de perdre vos précieux bitcoins en raison d'erreurs commises pendant que vous négociez et investissez dans des crypto-monnaies.

Donnez une raison à chaque transaction.

N'entrez qu'une **position commerciale**, c'est-à-dire *un prix auquel vous souhaitez vendre ou acheter votre pièce.*

Si vous savez pourquoi vous voulez vendre ou acheter et que vous avez donc une stratégie claire en tête.

Tous les négociants en crypto-monnaies ne peuvent pas réaliser de bénéfices, car il s'agit d'un jeu à somme nulle (lorsque vous réalisez un bénéfice, quelqu'un d'autre de l'autre côté perd).

Les grands détenteurs de pièces (également appelés "baleines" dans le monde de la cryptographie) dirigent le marché alternatif et le marché des bitcoins - oui, les mêmes "baleines" responsables de l'achat et de la vente de centaines de bitcoins à la fois.

Les baleines attendent patiemment que des petits investisseurs sans méfiance comme nous fassent une erreur de trading.

Même si vous voulez trader tous les jours, il vaut parfois mieux ne rien faire que de se jeter dans l'eau vive et risquer des pertes importantes. Certains jours, c'est en ne faisant rien du tout que l'on gagne le plus d'argent !

Fixez des objectifs clairs et sachez quand vous devez vous arrêter.

Pour chaque **position de trading que** vous souhaitez prendre, vous devez définir un niveau d'objectif de profit précis et, plus important encore, un niveau de stop-loss pour limiter les pertes.

Fixer un objectif stop-loss consiste à déterminer la perte maximale qui peut être acceptée avant de fermer la **position de trading**.

Plusieurs facteurs doivent être pris en compte pour décider d'un niveau de stop loss. La majorité des traders échouent parce qu'ils "tombent amoureux" de leur position, c'est-à-dire que les pièces qu'ils détiennent semblent monter en prix, ou qu'ils s'attendent à ce qu'elles ne s'effondrent pas plus bas, et qu'ils ne veulent pas vendre et prendre le profit/la perte, ou qu'ils tombent amoureux de la crypto-monnaie elle-même.

Ce qui signifie que quoi qu'il arrive, vous choisissez de garder cette pièce pour la vie. "Je suis sûr que ça va changer, que ça va monter et que je vais sortir de cette position avec une perte minimale", se disent-ils. Ils ont permis à leur ego de les diriger.

Par rapport au marché boursier traditionnel, où une volatilité de 2 à 3 % est considérée comme extrême, les transactions en crypto sont beaucoup plus risquées : il n'est pas rare qu'une crypto-monnaie perde 80 % de sa valeur en quelques heures. Et vous ne voulez certainement pas être celui qui s'y accroche !

Soyez conscient de la FOMO

Voici FOMO, qui signifie "Fear of Missing Out" (peur de manquer). Il n'est pas amusant d'être à l'extérieur lorsqu'une pièce de monnaie spécifique est gonflée comme une folle avec des gains énormes en quelques minutes seulement.

Cette longue barre verte vous supplie de l'acheter, en disant : "Vous êtes le seul à ne pas en profiter, alors achetez-moi !". À ce stade, vous remarquerez également que de nombreuses personnes et groupes sur Reddit, Telegram et d'autres plateformes ne peuvent parler que de cette pompe.

Alors, que devons-nous faire ? C'est aussi simple que cela : rester sobre. Il est vrai que le prix peut continuer à augmenter, mais gardez à l'esprit que les baleines (mentionnées ci-dessus) cherchent simplement des petits commerçants à qui vendre leurs cryptocoins.

Qu'ils ont acheté à un coût inférieur. Le prix a augmenté, et il est clair que la pièce n'est plus entre les mains que de quelques petits commerçants. Inutile de dire que lorsque la pièce est écoulée en grande quantité, l'étape suivante est généralement une chute de prix rouge vif.

Évaluation des risques

"Les porcs s'engraissent, les porcs sont abattus." Cette citation raconte l'histoire du profit du point de vue de la réussite. Pour devenir un trader Crypto rentable, vous ne devez jamais rechercher les extrêmes. Vous recherchez de petits profits qui s'ajouteront à un grand.

Le risque doit être géré judicieusement dans l'ensemble de votre portefeuille. Par exemple, vous ne devriez jamais investir plus d'une petite partie de votre portefeuille dans un marché non liquide (très volatile). Nous donnerons à ces positions une plus grande marge de manœuvre, et les niveaux stop et cible seront fixés loin du niveau d'achat.

Les crypto-monnaies sont échangées contre des bitcoins.

Cet actif sous-jacent est à l'origine de la volatilité du marché : la plupart des altcoins sont échangés contre des bitcoins plutôt que contre une monnaie fiduciaire (comme l'euro ou le dollar).

Voir aussi : Quelle est la différence entre les crypto-monnaies et la monnaie fiduciaire ?

Le bitcoin est extrêmement volatile par rapport à presque toutes les devises fiduciaires, et ce fait doit être pris en compte, surtout lorsque le prix du bitcoin fluctue de façon spectaculaire.

Il était courant, dans les premières années, que le bitcoin et les altcoins aient une corrélation inverse, ce qui signifie que lorsque le bitcoin augmentait, le prix des altcoins baissait par rapport au bitcoin et vice versa. Cependant, cette corrélation est devenue moins évidente depuis 2018. Dans tous les cas, lorsque le bitcoin est volatil, les conditions de trading deviennent difficiles à déterminer.

Comme nous ne pouvons pas voir loin pendant une période de volatilité, il est préférable de fixer des objectifs rapprochés et des objectifs d'arrêt des pertes - ou de ne pas négocier du tout.

Utilisez vos alt-coins pour le commerce

La majorité des altcoins perdent de la valeur avec le temps. Elles peuvent perdre de la valeur progressivement ou rapidement.

Cependant, le fait que la liste des 20 premières altcoins ait changé de façon aussi spectaculaire ces dernières années en dit long.

Tenez-en compte lorsque vous ajoutez de grandes quantités de monnaies alternatives à votre portefeuille à moyen et à long terme, et bien sûr, choisissez-les judicieusement.

Si vous envisagez de détenir des altcoins sur le long terme ou de constituer un portefeuille de crypto à long terme, prêtez une attention particulière au volume d'échange quotidien et effectuez une analyse fondamentale approfondie.

Les altcoins dont la communauté est florissante ont de bonnes chances de survivre à long terme.

ICO, IEO et ventes de jetons

Passons maintenant aux ICO publiques (ou IEO, comme on les appelle maintenant en 2021) : il s'agit de ventes de jetons de cryptomonnaie. De nombreux nouveaux projets choisissent d'organiser une vente à la sauvette (crowd-sale), au cours de laquelle ils offrent aux investisseurs une possibilité précoce d'acheter certains des jetons du projet à un prix inférieur.

L'intérêt pour les investisseurs est que, lorsque le jeton sera mis sur le marché, ils pourront en tirer un profit considérable. De nombreuses ventes de jetons ont été réalisées avec succès ces dernières années, avec des retours sur investissement de 10 fois supérieurs à la moyenne.

L'ICO Augur, par exemple, a offert aux investisseurs un rendement de 15x. Alors, où est le problème ? Tous ces projets ne rapportent pas un bénéfice à leurs bailleurs de fonds. De nombreuses ventes se sont avérées être des arnaques totales. Non seulement elles n'ont pas été échangées du tout, mais certains projets ont disparu avec l'argent, sans jamais être revus ni entendus.

Alors comment savoir si vous devez investir dans une vente de jetons particulière ?

La somme d'argent que le projet souhaite lever est une considération importante. Un projet qui lève trop peu d'argent sera très probablement incapable de développer un produit fonctionnel, tandis qu'un projet qui lève trop d'argent n'aura probablement pas assez d'investisseurs pour acheter les jetons sur le marché. L'aspect le plus crucial est la gestion des risques. Ne mettez jamais tous vos œufs dans le même panier, et évitez de placer une trop grande partie de votre portefeuille dans une seule IEO ou ICO. Elles sont classées comme étant à haut risque.

Commissions

La réalisation de transactions multiples nécessite le paiement d'une commission plus élevée. Il est toujours préférable et moins coûteux pour un teneur de marché de placer un nouvel ordre dans le carnet d'ordres plutôt que d'acheter dans le carnet d'ordres d'une plateforme de négociation.

Ne créez pas de pression

Ne commencez à trader que lorsque vous disposez des meilleures conditions pour prendre les meilleures décisions, et sachez toujours quand et comment arrêter de trader si nécessaire. Le trading commence par une stratégie bien pensée ! Si vous êtes soumis à une forte pression, cela affectera votre capacité à prendre des décisions. Par conséquent, ne vous précipitez jamais.

Fixer les objectifs et les commandes de vente

Fixez vos objectifs en plaçant des ordres de vente. Vous ne savez jamais quand une baleine va gonfler une pièce de monnaie afin d'acheter le stock dans le carnet d'ordres (et payer un prix plus bas du côté des créateurs d'ordres de vente).

Achetez la rumeur, vendez la nouvelle

Lorsque les grandes chaînes d'information publient des nouvelles, c'est généralement le bon moment pour vendre la pièce et non pour l'acheter !

N'oubliez pas la loi de Murphy

Vous avez fait une transaction rentable, mais comme d'habitude, le prix s'envole juste après la vente. Ne cédez pas à la tentation de changer d'emploi.

En d'autres termes, ne succombez pas à la **FOMO** (Fear of Missing Out). Tout ira bien tant qu'il y aura des bénéfices.

Ne laissez pas votre ego gouverner vos investissements.

L'objectif est d'obtenir un PROFIT. Ne gaspillez pas vos ressources (temps et argent) en essayant de démontrer que vous auriez dû prendre telle ou telle position. Gardez à l'esprit qu'aucun trader ne prend uniquement des positions gagnantes. La règle générale est que le nombre de transactions gagnantes doit dépasser le nombre de transactions perdues.

Achetez lorsque les prix sont bas

Les marchés baissiers sont parfois les meilleurs moments pour réaliser des bénéfices. Si la monnaie baisse, cela peut signifier que c'est le meilleur moment pour acheter et réaliser des bénéfices au fil du temps. Mais assurez-vous que votre plan est solide pour l'avenir proche et que vous avez une idée de la raison pour laquelle la baisse des prix n'est que temporaire.

Acheteurs et vendeurs

Considérons l'entreprise hypothétique suivante. Les personnes qui croient en cette entreprise achètent autant d'actions qu'elles le peuvent au prix de 10 $.

Toutefois, pour ce faire, il faut aussi qu'il y ait des personnes prêtes à vendre leurs actions à ce prix. Par conséquent, ces personnes sont sceptiques quant à la hausse du prix. Ils ne vendraient pas s'ils le pensaient ! Si un actionnaire souhaite vendre ses actions, il est libre de fixer son propre prix.

Supposons qu'une personne mette ses actions en vente à 12 $ chacune et que d'autres souhaitent les acheter à 10 $. Dans ce cas, les deux parties peuvent se mettre d'accord sur un prix de 11 $ et se retrouver au milieu. Après le premier jour de négociation, le prix de notre magasin de beignets est de 11 dollars par action. À bien des égards, cela reflète la façon dont le marché perçoit notre entreprise.

Ce principe s'applique de manière similaire aux crypto-monnaies.

Si vous êtes un investisseur avisé, vous comprenez que vous ne pouvez pas tout apprendre en regardant simplement le prix actuel.

En utilisant les données historiques, vous pouvez estimer le sentiment du marché. Le prix actuel est-il trop élevé ou trop bas ? Quel était le prix au début de la journée l'année dernière ? Y a-t-il eu une baisse de prix au dernier trimestre ?

Bitcoin contre Ethereum

Quelle est la différence et quelle crypto-monnaie a l'avenir le plus prometteur ?

Nous avons expliqué plus haut que le bitcoin a un énorme potentiel à long terme, mais comment se comporte-t-il par rapport au numéro 2. Devriez-vous investir dans les deux monnaies ?

Bitcoin et Ethereum sont les deux plus grandes crypto-monnaies en termes de capitalisation boursière. Les co-investisseurs choisissent souvent de ne détenir qu'une seule des deux dans leur portefeuille. Malgré cette approche, ces crypto-monnaies restent très différentes. Quelles sont les principales différences ? Pourquoi les gens croient-ils en l'une et pas en l'autre ? Quelques experts du secteur apportent leur éclairage sur la question.

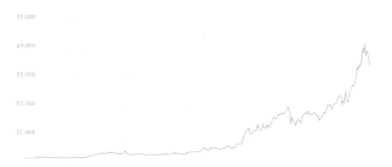

L'envolée de l'Ethereum au cours de l'année écoulée

L'année 2021 s'est jusqu'à présent révélée être l'année de l'Ethereum. La deuxième crypto-monnaie se rapproche rapidement de la capitalisation boursière du Bitcoin. Par exemple, avec une capitalisation boursière de 501 milliards de dollars, la monnaie a plus de valeur que la banque d'investissement américaine JP Morgan à l'heure où nous écrivons ces lignes.

Pourtant, le plus grand challenger du bitcoin a encore un long chemin à parcourir s'il veut dépasser la capitalisation du marché du bitcoin (actuellement de 1 000 milliards de dollars). Récemment, 1 bitcoin valait 13,25 ethereum.

Qu'est-ce que l'Ethereum ?

La pièce Ethereum (ETH) est l'une des pièces ayant la plus grande capitalisation boursière. Une capacité de marché élevée indique généralement qu'il y a beaucoup de foi dans une pièce particulière, et la pièce Ethereum, comme le Bitcoin, a beaucoup de foi.

Alors que les investisseurs sont sceptiques quant à l'avenir du Bitcoin, l'avenir de la pièce Ethereum semble pour l'instant radieux. En effet, le cours de la monnaie Ethereum a augmenté de plus de 3000 % en 2017.

Bien sûr, la question est toujours de savoir si investir dans cette monnaie virtuelle vaut toujours la peine. Pour pouvoir répondre à cette question par vous-même, cette page vous expliquera le principe de cette monnaie. Vous pourrez ainsi vous faire une idée du type de monnaie dont il s'agit et de la manière dont on envisage l'avenir de l'Ethereum.

En quoi diffère-t-il du bitcoin ?

Là où Ripple, par exemple, se concentre sur l'accélération des transactions sur le marché financier, la pièce Ethereum se concentre sur l'utilisation des applications. Le principe de la technologie Ethereum est de créer une situation dans laquelle les applications peuvent être utilisées sans l'intervention d'une autorité centrale. Les applications qui utilisent cette technologie sont également appelées DApps (ou Decentralized Apps). Le principal avantage des applications utilisant la technologie Ethereum est qu'il n'y a pratiquement plus de perte de données, de manipulation de données, de censure au sein de l'application ou de temps d'arrêt de l'application.

Le prix de la monnaie Ethereum n'est pas seulement déterminé par l'offre et la demande des investisseurs. Le prix dépend beaucoup plus de l'utilisation qui est faite des DApps. Un grand nombre d'entreprises dans le monde entier soutiennent le concept Ethereum. Par conséquent, il n'est pas surprenant que la valeur de la monnaie ait augmenté de façon spectaculaire en 2017.

Sur le marché des crypto-monnaies, Ethereum est encore une pièce relativement nouvelle. Le prix d'Ethereum n'a cessé d'augmenter depuis sa création en 2015. En 2017, le prix de l'Ethereum a augmenté de plus de 3000 %. Cette hausse s'explique facilement car davantage d'entreprises internationales ont manifesté leur intérêt pour l'Ethereum.

Des multinationales comme ING, Microsoft, BP et Deloitte, pour n'en citer que quelques-unes, ont déjà rejoint l'Enterprise Ethereum Alliance (un partenariat fondé par Ethereum). Les plus grandes entreprises du monde sont de plus en plus intéressées par une collaboration avec Ethereum. Plus il y a de grandes entreprises qui utilisent le réseau Ethereum, plus la confiance dans la monnaie est grande. Une plus grande confiance, bien sûr, se traduit par un taux de change plus élevé.

L'achat de pièces d'Ethereum est similaire à l'achat de Bitcoin. L'Ethereum est lié à tous les "échanges de crypto-monnaies" bien connus, ce qui rend extrêmement simple l'achat de la pièce avec d'autres crypto-monnaies.

L'achat d'Ethereum est similaire à l'achat de Bitcoin. L'Ethereum est lié à tous les "échanges de crypto-monnaies" bien connus, ce qui rend extrêmement simple l'achat de la pièce avec d'autres crypto-monnaies.

Les pièces d'Ethereum peuvent également être achetées en dollars par l'intermédiaire d'un certain nombre de fournisseurs internationaux. Comme tous les échanges ne facturent pas des frais de transaction raisonnables, il est préférable de s'en tenir aux parties les plus connues. L'astuce pour acheter des pièces d'Ethereum est, bien sûr, d'attendre le bon moment pour acheter. De nombreux investisseurs achètent les pièces lorsque leur valeur est sur le point de chuter.

La crypto-monnaie Ethereum est relativement stable (pour autant qu'une crypto-monnaie puisse être stable). Malgré le fait que la pièce soit relativement stable, investir dans une crypto-monnaie est toujours risqué.

Par conséquent, n'investissez dans l'Ethereum qu'avec des fonds que vous pouvez vous permettre de perdre. De nombreuses personnes pensent qu'il est nécessaire d'acheter des pièces d'Ethereum entières, mais ce n'est pas le cas. Vous pouvez également acheter une demi-pièce ou moins.

Les pièces d'Ethereum peuvent être déposées en utilisant un portefeuille en ligne ou hors ligne. Pour le dépôt en ligne des pièces d'Ethereum, vous avez le choix entre un grand nombre de fournisseurs de portefeuilles en ligne.

L'Ethereum peut être acheté en ligne sur des bourses telles que Binance. Comme les pièces d'Ethereum ont une valeur relativement élevée, de plus en plus de personnes choisissent de garder leurs pièces en sécurité hors ligne. Vous pouvez également choisir entre un porte-monnaie matériel et un porte-monnaie mobile.

NFT et Ethereum

L'une des raisons pour lesquelles l'Ethereum pourrait connaître une bonne augmentation de prix dans les prochaines années est due aux NFT (jetons non fongibles).

Les NFT sont devenus très populaires en peu de temps, y compris parmi les artistes qui espèrent gagner un peu d'argent de poche en période de couronnement. Ou de l'argent de poche ? Certaines œuvres d'art NFT changent de mains pour des millions.

Le battage médiatique autour des jetons non fongibles attire les nouveaux venus dans le monde des crypto-monnaies. Ils sont curieux de savoir ce que sont les NFT ou espèrent devenir rapidement riches en échangeant de l'art numérique.

Les ventes de NFT fonctionnent principalement sur la plateforme Ethereum, comme le bitcoin, un réseau décentralisé basé sur le concept de blockchain. Mais le simple fait d'avoir un portefeuille numérique rempli d'éther - l'une des crypto-monnaies les plus populaires - ne suffit pas.

Si vous souhaitez en savoir plus sur l'art des NFT et le trading des NFT, vous pouvez consulter notre livre sur le sujet.

Résumé :

- Ethereum est une plateforme décentralisée qui utilise la technologie blockchain mise au point par le mystérieux Satoshi Nakamoto - un pseudonyme - créateur du Bitcoin.
- Alors que le bitcoin a découvert un moyen de transférer la valeur numériquement, directement de personne à personne, Ethereum adopte une approche différente", écrit le site de niche BTC.direct. Le réseau Ethereum serait le fondement d'un nouveau type d'Internet. Plus important encore, l'"écosystème" Ethereum sert de base au développement d'applications décentralisées (DAPP) et de contrats intelligents.

- Les DAPP seraient beaucoup plus respectueux de la vie privée et plus sûrs que les applications Internet centralisées actuelles. Ils sont également non censurables.

Comment les grands investisseurs en Ethereum voient-ils l'avenir ?

Tally Greenberg, responsable du développement commercial de la société de logiciels Allnodes, a déclaré ce qui suit à propos d'Ethereum :

L'avantage technologique et l'utilité de l'écosystème Ethereum sont bien supérieurs à ceux du Bitcoin, et je pense que les investisseurs commencent à s'en rendre compte également. Il y a actuellement plus de 75 milliards de dollars investis dans des projets deFi sur la blockchain Ethereum - il y a tout juste un mois, ce chiffre était de 40 milliards de dollars. Rien que les contrats intelligents supportés par le réseau offrent des possibilités infinies et devraient suffire pour que l'Ethereum ait un avantage concurrentiel sur le Bitcoin."

Steve Ehrlich, PDG et fondateur du courtier en crypto-monnaies Voyager Digital :

"Je pense que l'Ethereum offre de meilleures perspectives en raison de son utilité, de ses fonctionnalités et de son écosystème." Les clients de Voyager (courtier en actifs cryptographiques, ndlr) qui possèdent à la fois du Bitcoin et de l'Ether ont commencé à détenir davantage d'Ether ces derniers

mois. Nous constatons également que nos plus gros investisseurs sont de plus en plus à l'aise avec le profil risque/récompense de l'Ether. La blockchain Ethereum alimente l'écosystème le plus développé pour la finance décentralisée et les NFT, qui gagnent tous en popularité. Ethereum recevra également une mise à niveau intéressante dans un avenir proche."

"On s'attend à ce que l'ETH soit reconnu par les investisseurs institutionnels", **explique Megan Kaspar, directrice générale de la société d'investissement en crypto-monnaies Magnetic.**

"Je pense que l'Ether va gagner en popularité. Lorsque les investisseurs prendront conscience des opportunités technologiques, les flux de capitaux se déplaceront vers Ether. À long terme, les analyses techniques et fondamentales montrent que l'Ether a un potentiel de hausse plus élevé que le Bitcoin. "

Quelle est la différence entre Bitcoin et Ethereum ?

Le réseau Ethereum permet aux développeurs de créer leurs propres applications décentralisées, ce qui n'est pas le cas du bitcoin.

Une autre différence est que le créateur de l'Ethereum est connu, alors que celui du Bitcoin ne l'est pas.

L'offre détermine le prix du bitcoin (contrairement à la monnaie fiduciaire, l'offre de bitcoins est rare et finie). Avec l'Ether, cependant, d'autres facteurs entrent en jeu : par exemple, le réseau permet aux start-ups d'émettre un jeton pour leur propre projet de blockchain.

À l'heure actuelle, les investisseurs devraient avoir à la fois Bitcoin et Ethereum dans leurs portefeuilles.

Le bitcoin a de fortes chances de rester le principal actif cryptographique du monde, tandis qu'Ethereum a de fortes chances de devenir la principale plateforme de développement de logiciels distribués du monde.

Par conséquent, si vous voulez tirer le meilleur parti de votre portefeuille, **investissez dès maintenant dans les deux.**

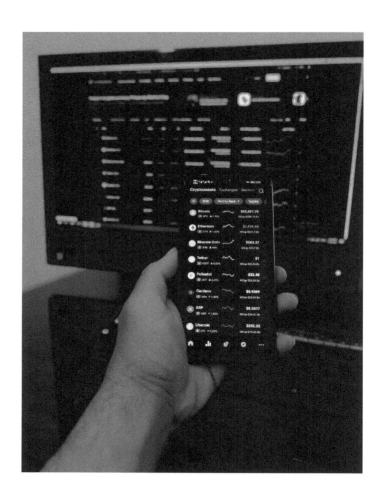

Pourquoi Ripple attire-t-il l'attention ?

Outre le bitcoin, il existe une pléthore d'autres crypto-monnaies qui peuvent être bien plus lucratives en termes de rendement que le célèbre bitcoin. Ripple (XRP), est l'une des crypto-monnaies dont la capitalisation boursière est massive. Depuis la fin de l'année 2017, le prix de la monnaie Ripple a augmenté de manière spectaculaire, et il continue de fluctuer de manière significative à ce jour.

Vous vous demandez peut-être : " Le Ripple est-il une bonne pièce dans laquelle investir ? ". Afin d'apporter une réponse satisfaisante, nous allons approfondir tout ce qui concerne le Ripple dans ce chapitre.

Qu'est-ce que le Ripple ?

Commençons par répondre à la question "Qu'est-ce que Ripple ?". Les crypto-monnaies ont été développées à la suite de la crise économique, en partie pour réduire l'influence des banques sur les transactions économiques. Alors qu'aujourd'hui, la plupart des crypto-monnaies basent encore leur profil sur ce concept, ce n'est pas le cas de la pièce Ripple. Le Ripple, en revanche, est une monnaie centralisée conçue pour permettre aux institutions financières (notamment les banques) et aux transactions internationales d'être réalisées plus rapidement.

Ripple travaille déjà sur une solution de système de paiement pour une grande partie du trafic bancaire de

Santander, Reise Bank, BBVA, Bank of America et UniCredit, entre autres. Elle détient déjà une participation de 40 % dans le système de paiement des banques en Asie.

La technologie de Ripple devrait susciter l'intérêt d'un nombre croissant de banques. Par conséquent, le nombre de banques qui utiliseront cette technologie devrait augmenter rapidement.

Bien sûr, "accélérer les transactions internationales" ne semble pas très clair pour le moment. Le principe de la technologie Ripple sera expliqué plus en détail à l'aide d'un bref exemple : Il y a une différence de devise lorsqu'un client veut effectuer une transaction d'une banque espagnole (par exemple, Santander) vers une banque américaine (par exemple, Bank of America).

Le client espagnol transfère le montant en euros, et celui-ci arrive en dollars à la banque américaine. Pour effectuer ces transactions, la Santander Bank possède un compte auprès de la Bank of America et la Bank of America possède un compte auprès de la Santander Bank, appelés comptes nostro et vostro.

Effectuer un paiement espagnol à une banque américaine prend beaucoup de temps en raison des nombreux liens dans ce processus. Ripple se concentre sur l'accélération de ce processus, en effectuant les transactions en monnaie Ripple.

Désormais, effectuer un paiement ne prend plus plusieurs jours, mais seulement quelques secondes. Non seulement cela réduit les coûts de transaction pour les banques, mais les clients de ces dernières peuvent également effectuer leurs transactions plus rapidement.

Le procès de Ripple

La SEC a déposé une plainte surprise contre Ripple et deux de ses dirigeants, le cofondateur Chris Larsen et le PDG Brad Garlinghouse, en décembre. Le régulateur affirme que la poursuite de la vente de XRP à des investisseurs individuels viole les lois sur les valeurs mobilières.

La SEC espère renforcer son dossier en démontrant que Ripple a délibérément manipulé l'attente du cours de la crypto-monnaie XRP avec des annonces au moment stratégique.

Jusqu'à présent, l'analyse des portefeuilles de crypto-monnaies par Larsen et Garlinghouse a révélé que des quantités massives de XRP ont été livrées à des échanges basés sur un sol étranger. Cependant, Ripple "n'a pas remis de documents de compte d'actifs numériques basés à l'étranger ou n'a pas expliqué autrement la signification de ces transferts de XRP", selon la lettre de la SEC.

"Bien que la SEC ait également tenté d'obtenir ces informations directement auprès de Ripple, ce dernier a récemment informé la SEC qu'il ne les possédait pas non plus, ce qui laisse la seule piste d'enquête à l'étranger", explique la lettre.

Cependant, il semble que les enquêtes ne soient pas bien parties, les demandes adressées à neuf régulateurs étrangers différents étant revenues vides. Selon la lettre, deux régulateurs ont refusé d'aider, et trois autres ont refusé de permettre à la SEC de publier leurs communications. Un seul régulateur a suggéré que la SEC pourrait utiliser les conversations entre les deux parties pour renforcer son dossier.

Si le tribunal fait droit à la requête de Ripple, la SEC sera tenue d'adresser des demandes de cessation et de désistement aux autorités de réglementation étrangères, mettant ainsi un terme à cette enquête.

Quel est le prix du Ripple ?

Maintenant que nous avons couvert les fondamentaux et les récentes nouvelles entourant le procès contre Ripple, allons au fond de la question : Quel est le prix du Ripple ? Ripple a été fondé en 2012 dans le but d'accélérer les transactions financières. Alors que le prix était initialement stable (bas), il a considérablement augmenté depuis la fin de l'année 2017.

Ripple est devenu une entreprise d'un milliard de dollars presque immédiatement à la suite de l'augmentation du prix. Les propriétaires de Ripple gèrent toujours une grande partie de la capacité du marché, de sorte que le public ne dispose que d'une capacité limitée.

La hausse des prix s'explique par le fait que Ripple a passé un contrat avec un certain nombre de gros clients du monde financier. Il s'agit notamment de clients tels que Bank of America et Royal Bank of Scotland. En outre, Ripple bénéficie du soutien de nombreuses multinationales, dont Google. En janvier 2018, le prix s'est d'abord établi à 3,10 dollars par Ripple.

La hausse des prix s'explique par le fait que Ripple a signé des contrats avec un certain nombre de grands clients financiers. Parmi ces clients figurent Bank of America et la Royal Bank of Scotland. En outre, Ripple bénéficie du soutien de nombreuses multinationales, dont Google. En janvier 2018, le cours était de 3,10 dollars par Ripple.

Comment acheter du Ripple

Vous êtes déjà un peu excité ? Alors vous devez vous demander, où puis-je acheter du Ripple ? Au début, il était difficile d'acheter du Ripple avec des dollars ou des euros. Heureusement, de plus en plus d'options à cet effet sont apparues récemment.

Lorsque vous achetez des pièces Ripple avec des dollars, les frais de transaction sont souvent élevés. Il est donc conseillé de convertir d'abord les dollars en une monnaie numérique plus courante (par exemple, Bitcoin (BTC) ou Ethereum (ETH)), puis d'acheter les pièces Ripple par l'intermédiaire d'un échange comme Binance.

Cardano : la pièce intelligente

Cardano s'est fait un nom dans le monde des monnaies virtuelles en un laps de temps relativement court. Cardano a déjà fait son entrée dans le top 5 des pièces de crypto-monnaies au début de l'année 2018. Par conséquent, la pièce a déjà plus de valeur que des pièces bien connues comme NEM et Litecoin.

Bien qu'il soit impossible de prédire l'avenir d'une pièce, les experts en crypto-monnaies fondent de grands espoirs sur la pièce Cardano. Par conséquent, on s'attend à ce que cette pièce dépasse la deuxième place dans un avenir proche. Bien sûr, la question est maintenant de savoir comment expliquer le succès de la pièce Cardano.

Le succès de Cardano, selon ses développeurs, peut être attribué au fait qu'il s'agit de la seule monnaie virtuelle basée sur des théories mathématiques académiques.

La collaboration de plusieurs universités internationales a abouti à la création de la pièce Cardano. Parmi les créateurs de la pièce Cardano figurent des universitaires de renom issus d'universités telles que celles d'Athènes, d'Édimbourg et du Connecticut, entre autres. La crypto-monnaie Cardano est basée sur un certain nombre de théories mathématiques universitaires (très réputées). À ce titre, la pièce porte le nom du mathématicien Gerolamo Cardano, l'un des mathématiciens les plus célèbres et les plus influents de l'histoire.

Bien sûr, une monnaie virtuelle basée sur des théories mathématiques semble extrêmement intrigante, mais qu'est-ce que cela signifie en pratique pour la qualité de la monnaie ? Le PDG de Cardano est également l'ancien PDG et développeur de la crypto-monnaie Ethereum.

Il a remarqué que la plupart des nouvelles cryptomonnaies lancent rapidement de nouvelles pièces et, par conséquent, ne passent pas assez de temps à développer l'ensemble du concept.

Selon lui, en conséquence, de nombreuses pièces virtuelles finissent par faire des promesses qu'elles ne peuvent tenir dans la pratique.

Selon Charles Hoskinson, cela conduit finalement à une moindre confiance dans le marché des crypto-monnaies dans son ensemble. La pièce Cardano a été créée pour restaurer cette confiance.

Cardano emploie une équipe d'universitaires pour s'assurer que les promesses faites pour la pièce sont tenues dans la pratique. Les responsabilités au sein du projet sont déléguées à des universitaires qui sont des experts dans ce domaine spécifique.

Bien sûr, disposer d'une bonne équipe est essentiel pour une monnaie virtuelle, mais c'est finalement la technologie derrière la pièce qui compte. La principale distinction entre les crypto-monnaies actuelles et Cardano est que la pièce Cardano fonctionne selon le principe de la "vérification formelle".

Les contrats intelligents basés sur la "vérification informelle" sont de plus en plus utilisés avec les monnaies virtuelles aujourd'hui, ce qui donne souvent lieu à des contrats non testés ou qui ne fonctionnent pas pleinement.

Des théories mathématiques sont utilisées pour tester la "vérification formelle" de la pièce Cardano. Pour garantir la sécurité de la pièce, l'équipe utilise le langage de programmation "Haskell". Les experts considèrent que Haskell est le langage de programmation le plus sûr.

Cardano a également créé sa propre technique "Ouroboros", qui repose sur la célèbre méthode "Proof of Stake (POS)". Le principe de "Proof of Stake" stipule que la pièce, comme le bitcoin, ne peut être minée. Le principe de "Proof of Stake" stipule que le fait de conserver des pièces dans un portefeuille augmente le nombre de pièces (également appelé "staking").

Cardano n'est pas la seule monnaie virtuelle à utiliser la méthode de "preuve d'enjeu" ; d'autres monnaies importantes comme NEO, Dash et Stratis le font également. Si cette technique est évidemment extrêmement intrigante, elle présente également certains risques pour la sécurité. La technique Ouroboros de Cardano permet d'éliminer ces risques de sécurité.

Quel est le prix du Cardano ?

Il est possible d'acheter du Cardano ICO depuis 2015, cette période ne s'est arrêtée qu'en janvier 2017. Pendant longtemps, le Cardano a affiché un prix stable autour de 0,02 $.

Depuis le début du mois de novembre 2017, le prix du Cardano a montré plusieurs fluctuations, une hausse régulière était évidente.

Début 2018, la monnaie virtuelle a atteint une hausse phénoménale, la valeur était alors à plus de 1,21 dollar pièce pendant une courte période.

Bien que la pièce Cardano soit encore considérée comme une pièce relativement jeune sur le marché des crypto-monnaies, de plus en plus de traders de premier plan expriment leur confiance dans l'avenir de Cardano. Une augmentation de la capacité du marché de Cardano est donc clairement visible.

Comment acheter Cardano ?

Entre-temps, êtes-vous également convaincu de la réussite de l'avenir de Cardano ? Alors vous pouvez choisir d'acheter également un certain nombre de ces pièces.

Au début de l'année 2021, le prix de ces pièces fluctuera entre 0,80 et 2,40 dollars chacune, ce qui vous permet déjà d'investir pour une petite somme d'argent. L'achat de pièces Cardano peut se faire sur la bourse de Binance.

Pour pouvoir acheter du Cardano, vous pouvez d'abord acheter des bitcoins, puis les convertir en Cardano. Cependant, il est également possible aujourd'hui d'acheter directement du Cardano.

L'achat de ces bitcoins peut se faire par exemple via une plateforme comme Coinbase.

Nano

Bien que le nom de la pièce puisse faire allusion à quelque chose d'insignifiant, la crypto-monnaie Nano (NANO, anciennement connue sous le nom de RaiBlocks) a de grandes ambitions pour dépasser l'objectif du Bitcoin. En tant que moyen de paiement quotidien, Nano aspire à être une alternative à la fois aux monnaies fiduciaires et aux crypto-monnaies dominantes. Ces systèmes stagnent fréquemment à cause de diverses contraintes technologiques, mais l'organisation de Nano présente son "remède" dans l'architecture blockchain, qui permet des transactions sécurisées et instantanées sans coût.

Qu'est-ce que le Nano ?

Dans son livre blanc, l'équipe Nano se concentre sur le bitcoin, première crypto-monnaie à avoir été largement acceptée et à avoir fait découvrir la blockchain au public. Le bitcoin, selon ces développeurs, commet plusieurs péchés majeurs qu'aucune crypto-monnaie ne devrait commettre.

- **L'évolutivité est limitée.** Le problème d'évolutivité découle de la capacité limitée des blocs de la blockchain à stocker des données. Cela réduit effectivement le nombre de transactions par seconde que la blockchain peut gérer, en particulier lorsque la technologie arrive à maturité et que le nombre d'utilisateurs de la plateforme augmente. Elle a également transformé une place dans un bloc en une "marchandise", le coût moyen d'une transaction en bitcoins étant considéré comme inacceptable par de nombreux utilisateurs.

- **Longue latence.** La latence de calcul existante avec le bitcoin et d'autres crypto-monnaies est décrite comme excessive et l'une des causes des longs délais de confirmation. Nano tente de s'améliorer dans ce domaine également.

- **La consommation d'énergie est inefficace.** Par exemple, comme le modèle de consensus Proof of Work (PoW) de Bitcoin nécessite en moyenne 260 kWh par transaction, le réseau entier aurait besoin d'environ 27 TWh par an. Comme alternative, Nano propose d'abandonner les protocoles de consensus distribués tels que PoW et Proof of Stake (PoS) et de fournir à chaque utilisateur sa propre blockchain. Cela pourrait réduire la concurrence entre les propriétaires de systèmes de calcul et permettre l'utilisation de systèmes moins exigeants dans le même but.

Toutes ces caractéristiques, une fois combinées, devraient théoriquement offrir à la plate-forme Nano une mise à l'échelle illimitée, ainsi que des transactions plus rapides et plus fluides et une consommation d'énergie plus faible en prime pour les utilisateurs.

Cela contribue encore au fait que le bitcoin est une excellente réserve de valeur à long terme en raison de ses limites techniques. Cependant, en tant que système de paiement, le Nano serait bien supérieur.

Quel est le prix du Nano

La capitalisation boursière de Nano est de 247 049 170 dollars en novembre 2018. D'ici 2021, la capitalisation boursière peut dépasser 1 441 775 355 dollars. La valeur actuelle est en baisse par rapport au sommet historique de plus de 4 milliards de dollars atteint début 2018.

L'offre totale et en circulation de Nano est de 133 248 290 NANO, et aucun nouveau jeton n'est créé. Le système basé sur les robinets, qui a fermé en octobre 2017, a été utilisé pour la distribution initiale des jetons. Nano peut être acheté sur des bourses de crypto-monnaies comme Binance et HitBTC.

Lumières stellaires

Jed McCaleb a fondé à la fois Stellar Lumens et Ripple, qui sont des monnaies numériques. Bien qu'elles reposent sur le même principe, elles ne sont pas identiques, car Lumens se concentre sur l'aide aux particuliers pour le transfert d'argent plutôt que sur les institutions. Avec Lumens, McCaleb a adopté une approche plus active à l'égard de l'homme de la rue, par opposition à l'approche plus corporative de son prédécesseur.

Le réseau Stellar est le cadre décentralisé pair-à-pair proprement dit, tandis que Lumens (XLM) est le jeton du réseau. Le réseau a été fondé en 2014, et en mai 2021, Stellar Lumens s'est hissé à la 14e position parmi les crypto-monnaies les plus populaires. Le prix le plus élevé de tous les temps de Stellar était de 0,93 $ en janvier 2018, mais il n'est plus que de 0,06 $.

À quoi servent les Stellar Lumens ?

Les Lumens ont été créés pour aider les gens à surmonter les difficultés liées aux transactions transfrontalières. Les longs délais de transaction et les frais élevés sont deux de ces obstacles. Lumens a cherché à atténuer ces problèmes pour les utilisateurs résidentiels en offrant un moyen rapide et peu coûteux d'envoyer de l'argent dans le monde entier.

Les créateurs de Stellar Lumens sont conscients que tout le monde n'a pas un accès facile aux services financiers et que, même si c'est le cas, leur coût peut être prohibitif. C'est pourquoi l'équipe s'est engagée à fournir des services financiers à toute personne, partout dans le monde, qui dispose d'une connexion Internet active et de quelques ressources matérielles de base.

Les Lumens sont les jetons que le grand réseau Stellar utilise pour envoyer de l'argent et convertir des devises. Le réseau est un réseau peer-to-peer décentralisé.

Les lumens permettent à un type de monnaie d'être envoyé par un pair et reçu par un autre comme un autre type de monnaie. Il passera par plusieurs devises sur son chemin vers le destinataire. Le réseau Stellar accomplit cela en déterminant si un échange direct de paires de devises est disponible.

Si ce n'est pas le cas, il peut vérifier si la devise initiale du détenteur de Lumens est demandée, et une fois qu'il a les Lumens, il peut chercher un certain nombre de Lumens plus la devise finale. Cela permet une transaction simple entre des monnaies qui n'ont pas de paire commune négociée.

Tout cela est rendu possible par les "ancres" du réseau Stellar. Les ancres facilitent l'échange de devises au sein du réseau en étant capables de conserver un dépôt et d'émettre un crédit dans une autre devise. Ce processus est incroyablement rapide car toutes les ancres sont sur le même réseau, le réseau Stellar.

Bien que les Lumens aient une valeur intrinsèque, la fonction première des tokens est de servir de passerelle entre différentes monnaies. À ce titre, il serait bénéfique de le considérer comme plus qu'une simple monnaie. Sa capacité à convertir les monnaies pour les utilisateurs et à le faire rapidement le distingue des monnaies fiduciaires standard qui sont communément appelées " argent réel ".

IBM a choisi Stellar Lumens pour contribuer au développement de World Wire, qui permet aux institutions financières d'envoyer de l'argent dans le monde entier à un coût beaucoup plus faible et plus rapide que jamais. Stellar Lumens a gagné en crédibilité et en visibilité dans le monde financier traditionnel en collaborant avec IBM.

Stellar Lumens vaut-il la peine d'être investi ?

Les Lumens Stellar ne sont pas exploitables. Stellar, en revanche, contrôle l'offre de Lumens. Au départ, 100 milliards de Lumens ont été créés, l'offre augmentant de 1 % par an pendant cinq ans, jusqu'à ce que la communauté Stellar vote contre.

Stellar a suivi l'avis de la communauté et a réduit de moitié le nombre de Lumens existants, à 50 milliards, en s'engageant à ne plus jamais en créer. Sur ces 50 milliards, seuls 20 milliards environ sont encore en circulation, le reste étant détenu par le FSD à des fins de développement et de promotion.

Les transactions en Stellar Lumens entre comptes sont effectuées à l'aide d'un protocole de consensus car il n'y a pas de minage.

Avec une offre importante de Lumens, un prix de pièce relativement bas et le fait qu'il n'est pas considéré comme une bonne réserve de valeur, il peut actuellement être un investissement risqué par rapport à d'autres crypto-actifs tels que l'Ethereum, le Bitcoin et Link.

Cependant, si un nombre croissant de personnes dans le monde commence à utiliser les Lumens pour transférer de l'argent, l'histoire pourrait changer radicalement.

Une transaction en Lumens coûte 0,00001 XLM, ce qui la rend extrêmement bon marché. Lorsque vous achetez des Lumens par le biais d'échanges en ligne, le site où vous les achetez vous facture des frais.

Coinbase, par exemple, facture entre 0,99 et 2,99 euros pour chaque achat compris entre 1 et 200 euros. En cas d'utilisation d'une carte de débit, des frais supplémentaires de 3,99 % s'appliquent. Les échanges tels que Kraken ont des frais beaucoup plus bas, généralement autour de 0,26 %, mais ce sont toujours des frais supplémentaires qui s'ajoutent aux pièces réelles.

Binance Futures

Le concept fonctionne de la manière suivante dans les opérations à terme, comme le Binance Future. Vous placez un pari sur une prédiction de prix. Par conséquent, les futures sont un dérivé (ou un dérivé) d'une cryptocurrency. Le trading de contrats à terme devient de plus en plus populaire pour diverses raisons importantes. Voici ces raisons :

La négociation de contrats à terme vous permet de gagner beaucoup d'argent même dans un marché où les prix baissent.

Travailler avec des leviers (effet de levier) augmente considérablement les opportunités de profit (et avec elles aussi le risque !).

Il y a quelques autres avantages à mentionner, mais ces deux-là sont de loin les plus importants.

Lorsque vous possédez une crypto-monnaie, sa valeur augmente lorsque les prix augmentent et diminue lorsque les prix baissent. Il ne s'agit pas d'une tâche difficile. Cependant, dans un marché baissier, il est impossible de tirer profit de cette crypto-monnaie.

Au mieux, vous pouvez tout vendre à un prix plafond, attendre une baisse des prix, puis essayer d'acheter à un prix plancher.

Toutefois, les opérations à terme vous permettent de réaliser des bénéfices même en cas de baisse du marché. Vous pouvez, par exemple, placer un pari sur la prédiction d'une baisse de prix. Si le prix baisse à l'avenir, vous serez payé pour cela.

D'un autre côté, bien sûr, vous perdrez de l'argent dès que la baisse de prix prévue ne se produira pas et que les prix augmenteront.

Le trading de contrats à terme vous permet de profiter de ce que l'on appelle l'effet de levier. Celui-ci vous permet de multiplier jusqu'à 125 fois les effets de vos transactions. C'est également la raison pour laquelle le trading de futures en général ne convient qu'aux traders de crypto plus expérimentés.

Lorsque vous utilisez l'effet de levier, ce facteur est appliqué à chaque dollar de profit ou de perte que vous réalisez. Cela présente un grand potentiel, mais aussi beaucoup de risques. Par conséquent, il est essentiel de procéder avec prudence et prévoyance.

Vous pouvez augmenter l'impact de vos transactions en utilisant l'effet de levier. L'effet de levier sur les opérations à terme peut être réglé entre 1x et 125x. Ainsi, si vous fixez un effet de levier de 20x (le paramètre standard pour les contrats à terme), vous pourrez ouvrir une position de pas moins de 200 USDT avec 10 USDT.

Cela vous permet de négocier rapidement avec de grosses sommes d'argent, c'est pourquoi il est essentiel que vous compreniez comment fonctionne le processus de liquidation derrière ces positions. Plus votre position est importante, moins vous avez d'effet de levier. Par ailleurs, il est également vrai que plus votre position est petite, plus vous avez d'effet de levier.

Le risque de Binance Futures

Si vous avez participé à des investissements sur une base régulière, vous savez que l'investissement comporte un certain risque. Les actions, les obligations, les matières premières, les contrats à terme et les crypto-monnaies ont tous une valeur au moment de l'achat qui peut augmenter ou diminuer. Par conséquent, on parle de risque d'investissement.

Investir dans des obligations d'État ou des fonds indiciels est généralement moins risqué que d'investir dans des actions individuelles. Le trading d'actions est souvent moins risqué que le trading de crypto-monnaies. Comme vous le savez probablement, le marché des crypto-monnaies est extrêmement volatile.

Lorsque vous commencez à négocier des contrats à terme et que vous ajoutez un facteur de levier, le risque est multiplié par le facteur de levier. Ce n'est pas pour rien que le trading de futures convient mieux aux traders plus expérimentés. L'opportunité est d'une ampleur sans précédent, mais le risque l'est tout autant.

La règle générale est que plus le risque est grand, plus la marge bénéficiaire est importante. Et vice versa : plus la marge bénéficiaire est faible, plus le risque est faible.

Il est clair que les opérations à terme ouvrent un nouveau territoire dans lequel les opportunités et les menaces sont à l'affût. En tout cas, il offre des possibilités que vous n'auriez pas sur le marché normal (spot), notamment grâce au principe de l'effet de levier.

Néanmoins, le trading de futures comporte également un risque considérable, ce qui fait qu'il ne convient pas à tous les traders. Le fait que le trading de futures vous convienne ou non dépend fortement de votre profil de risque, de l'expérience que vous avez acquise dans le trading de crypto-monnaies et des connaissances que vous possédez. Et bien sûr, un facteur de chance s'appliquera à votre succès avec le trading de Futures Binance.

Solana

Solana est l'une des étoiles montantes les plus rapides du marché des crypto-monnaies. Depuis le début de l'année 2021, l'altcoin a augmenté de près de 3 000 %. Alors que SOL valait environ 1,50 dollar le 1er janvier, il vaut aujourd'hui plus de 40 dollars au moment de la rédaction de cet article. Pourquoi Solana a-t-il connu une hausse aussi spectaculaire ?

La croissance de Solana est très probablement due à la capacité du réseau à traiter un grand nombre de transactions par seconde.

Par exemple, le Bitcoin (BTC) ne peut gérer que 7 transactions par seconde (TPS) sans l'aide de solutions de niveau 2, et l'Ethereum (ETH) ne peut gérer que 15 à 18 TPS pour le moment.

Au fur et à mesure que le marché se développe, ces réseaux sont de plus en plus encombrés, ce qui entraîne une augmentation des coûts de transaction.

SOL est la crypto-monnaie de la blockchain Solana. Elle est utilisée aux fins suivantes :

Grève Solana : Solana permet des récompenses inflationnistes pour les utilisateurs qui frappent SOL en échange du soutien du réseau. Solana est un réseau de consensus Proof-of-Stake délégué. En d'autres termes, les détenteurs de SOL peuvent déléguer une partie de leurs actifs SOL à un validateur, qui est chargé de traiter les transactions et de faire fonctionner le réseau.

Frais de transaction : La crypto-monnaie SOL peut être utilisée pour effectuer des contrats intelligents et des transactions.

Gouvernance : Le jeton SOL sera utilisé pour voter sur des propositions spécifiques au sein de la communauté et de l'organisation Solana.

Le nombre total de SOL distribués est maintenant supérieur à 16 500 000 SOL (3,35 %). À l'heure actuelle, le montant total est de 488 634 933 SOL, dont 11 365 067 SOL ont été brûlés (brûlés) sur le montant maximal initial de 500 000 000 SOL.

En effet, le SOL a une politique monétaire déflationniste dans laquelle la quantité de SOL est réduite (brûlée) pour rendre la grève à long terme plus attrayante. La pénurie s'aggrave avec le temps.

Pourquoi devriez-vous investir dans Solana ?

Solana a déjà formé des partenariats technologiques innovants avec FTX, Arweave, Pocket Network, Fortmatic, dFuse, LoanSnap, Akash, Chainlink, Hummingbot et Civic, entre autres. Ces collaborations technologiques renforceront l'effet de réseau de Solona.

Multicoin Capital, Foundation Capital, Distributed Global, CMCC, Blocktower Capital, NGC Capital et Rockaway Ventures sont parmi les principales sociétés de capital-risque qui ont investi dans Solana (SOL).

Si vous voulez utiliser activement le réseau pour développer des applications décentralisées basées sur Solana, vous devrez avoir SOL. Si vous voulez gagner des SOL gratuitement et investir dans l'avenir de Solana, vous pouvez miser des SOL. Pour ce faire, tu dois d'abord investir de l'argent dans SOL.

Investissez uniquement avec du capital-risque dans des SOL que vous pouvez vous permettre de perdre. Il s'agit d'un nouveau projet et il peut certainement échouer. Commencez toujours par bien comprendre la proposition de valeur de Bitcoin avant d'investir dans d'autres projets.

EOS

EOS a beaucoup fait parler de lui récemment, car il est fréquemment comparé au célèbre Ethereum. Bien qu'une comparaison ne soit peut-être pas le meilleur mot à utiliser. EOS est déjà considéré comme le nouvel Ethereum. Mais pourquoi est-ce le cas, et qui est derrière cette initiative ?

L'évolutivité est un terme fréquemment utilisé dans le monde des crypto-monnaies. Bitcoin et Ethereum sont de loin les monnaies les plus populaires, ce qui crée des complications. Les transactions sont de plus en plus difficiles à réaliser en raison du grand nombre d'utilisateurs. L'Ethereum reste plus rapide que le Bitcoin, mais il est toujours très lent. C'est particulièrement vrai quand on sait que Visa, par exemple, peut traiter des milliers de transactions par seconde.

EOS s'appuie actuellement sur le réseau Ethereum, mais il a l'intention de créer son propre réseau. En apportant quelques changements, l'évolutivité de cette pièce devrait s'améliorer. La facilité d'utilisation est un mot clé pour EOS. Alors qu'Ethereum nécessite des cours pour apprendre le langage de programmation, cette crypto-monnaie ne le fait pas.

Dan Larimer

Dan Larimer est le grand nom du projet, et il a développé un certain nombre de technologies au fil des ans.

91

Dan est le créateur des célèbres projets Bitshares et Steem. À l'époque, Bitshares était un échange révolutionnaire. Outre le fait que cet échange était décentralisé, il se passait autre chose. Dan était le pionnier de la scalabilité horizontale, qui permettait des millions de transactions par seconde. C'est précisément ce dont EOS avait besoin, entre autres, pour vaincre son grand rival Ethereum. Bithares a ensuite été dissous, et Dan s'est consacré à une nouvelle entreprise.

Il est également à l'origine de Steem. Steem était révolutionnaire en ce qu'il a introduit une plateforme de médias sociaux basée sur la blockchain.

De plus, la communauté Steem pouvait gagner de l'argent sous la forme de Steem Dollars. Il a réduit les coûts de transaction en mettant cela en place. Après tout, les utilisateurs peuvent interagir les uns avec les autres gratuitement. Il a abandonné Steem pour se concentrer sur EOS.

Dan souhaite intégrer les connaissances qu'il a acquises dans ces projets dans cette crypto-monnaie. Cette pièce devrait permettre aux utilisateurs de créer facilement des applications décentralisées sur le réseau EOS. En augmentant l'évolutivité, aucune autre mesure, comme les "hard forks" de Bitcoin, n'est nécessaire. En utilisant ce réseau, il n'est pas non plus nécessaire de payer des frais de transaction.

Ce devrait être un réseau pour tout le monde, sans qu'il soit nécessaire d'avoir des connaissances techniques. Outre l'évolutivité et l'élimination des coûts de transaction, Dan souhaite adopter une autre technologie. La preuve d'enjeu déléguée (DPOS), qu'il a lui-même introduite.

Avec ce système, certaines personnes sont désignées par un vote. Plus une personne possède de jetons EOS, plus elle a de pouvoir de vote. Les personnes désignées peuvent prendre des décisions concernant le réseau. Si une personne fait un mauvais travail, elle peut être évincée de son poste.

Tout dépend de la réussite de ce projet et de la possibilité d'une hausse significative. Le fondateur Dan est un pionnier dans ce projet et nous devons le prendre au mot. En outre, il est important que cela ne prenne pas trop de temps.

EOS doit être le premier à disposer d'un réseau fiable et rapide, meilleur que le réseau Ethereum.

TRON

TRON est actif depuis le 28 août 2017. Dans ce laps de temps relativement court, une énorme quantité de développements a déjà eu lieu. Le prix est déterminé par l'offre et la demande. Toutefois, l'offre disponible est maximale.

Pour cette pièce, il n'y a actuellement qu'une réserve en circulation de 71 660 220 128. Si l'on regarde le marché total des crypto-monnaies, elle est à 23 dans le marché total. Le sommet de tous les temps se situe à 0,23 $, depuis cet énorme jalon, il a chuté de 49,42%.

Tron est la crypto-monnaie conçue pour faire progresser l'industrie du divertissement, des jeux et des médias. Elle a été fondée par Justin Sun au cours de l'année 2017 et est très adaptée à :

- Vendre plus facilement du contenu qui est encore en développement

- Technologie peer to peer

- Réduire les frais des intermédiaires

- Création d'applications décentralisées

- Stockage des données

- L'utiliser comme moyen de paiement pour des services de divertissement

Donc Tron est une blockchain qui utilise trois couches différentes. Ces couches sont les couches de **stockage**, de **noyau** et d'**application**. Tron utilise le protocole protobuf de Google qui lui permet de fonctionner indirectement avec différents langages de programmation. L'équipe de Tron est composée de consultants, d'investisseurs et de développeurs expérimentés. L'objectif de Tron est d'avoir toutes sortes de services utilisant Tron afin que tout le monde puisse en acheter parce qu'ils l'ont tous.

L'attente du TRX à court terme est très difficile à prévoir. On peut conclure que le prix de cette monnaie est lié aux nouvelles et aux développements. Combien de fois est-il arrivé qu'Elon Musk poste un tweet et que l'ensemble du marché des crypto-monnaies montre un mouvement.

Il s'agit d'un développement qui est en fait imprévisible. Mais il y a certainement un grand potentiel pour l'application pratique de cette crypto-monnaie, et pour s'assurer que vous investissez au bon moment, il est sage de garder un œil sur les nouvelles entourant les crypto-monnaies.

Les grandes entreprises qui s'intéressent à l'application de la crypto dans leurs succès commerciaux sont souvent une bonne indication d'une hausse de la valeur.

Maille de chaîne

Chainlink (LINK), en tant que société, a pour objectif principal d'aider les entreprises à appliquer correctement la blockchain. Cela peut sembler très général, mais ils ont une solution spécifique pour cela. Chainlink construit des oracles qui vous permettent de charger des informations et des données dans les blockchains et les smart contracts. Par exemple, vous pouvez relier un flux de données en direct de la météo aux Pays-Bas à d'autres données via une blockchain. Ils ne sont pas encore si loin, les oracles sont maintenant principalement utilisés par des entreprises qui offrent des services décentralisés et financiers.

Concrètement, Chainlink est une entreprise qui se manifeste comme un fournisseur de solutions totales dans le domaine de la mise en œuvre de la blockchain au sein de grandes entreprises ou de processeurs de données. Ils sont aujourd'hui de plus en plus sollicités pour des applications DeFi et le potentiel de l'entreprise semble donc énorme.

Le jeton associé est destiné à récompenser les utilisateurs qui assurent le fonctionnement des nœuds et alimentent le réseau. Selon certaines rumeurs, Chainlink développe une méthode pour produire ces pièces. Cela signifie que vous bloquez vos pièces et gagnez des intérêts sur celles-ci pendant une période déterminée.

L'oracle de Chainlink garantit que les données provenant de diverses sources (autres blockchains, systèmes dorsaux, systèmes de paiement, données de marché, etc.) sont traitées de manière à pouvoir être utilisées dans une blockchain autonome.

Chainlink est une plateforme axée sur les contrats intelligents. Il s'agit de contrats basés sur la blockchain qui sont programmés et conclus. Cela se produit fréquemment entre deux parties, où le contrat intelligent examine les données et les conditions auxquelles les deux parties sont liées.

Si les deux parties ont rempli leurs obligations contractuelles, le contrat intelligent approuvera et exécutera automatiquement le contrat. Si le contrat n'est pas approuvé, l'argent de chacun sera restitué.

L'émergence et l'utilité de ce contrat intelligent est ce qui rend Chainlink si intriguant.

L'exécution d'un contrat intelligent est bien sûr très intéressante, notamment parce que ces contrats sont automatiquement programmés sur la blockchain en fonction de règles ajoutées numériquement au contrat intelligent. Comme tout est transparent dans ce cas, vous n'avez pas besoin de la confiance de l'autre partie. Par conséquent, la confiance est programmée dans la blockchain.

Cependant, ce contrat intelligent présente des inconvénients, car il nécessite fréquemment des données, qui doivent être récupérées auprès des entreprises ou par le biais de bases de données. Et avant qu'un tel contrat intelligent puisse approuver des "accords et des conditions", les données doivent être présentes.

C'est précisément là que Chainlink aspire à être la solution. Chainlink a récemment développé un Oracle qui permet aux entreprises et aux institutions de se connecter à l'Oracle de Chainlink à l'aide d'une clé API, ce qui permet de récupérer les données.

Auparavant, la récupération de ce type de données n'était possible que si l'organisation d'où provenaient les données prenait des mesures.

Par conséquent, la blockchain n'a jamais été véritablement décentralisée. Grâce à la connexion entre le Chainlink Oracle décentralisé et la contrepartie, chaque contrat intelligent peut être contrôlé sans l'intervention d'un tiers.

De toute évidence, l'équipe marketing n'a pas passé beaucoup de temps à réfléchir au nom du jeton, mais il s'est avéré être un nom accrocheur, dirons-nous.

Dans le même temps, LINK n'a pas besoin de marketing pour attirer l'attention. Un rendement de 730 % au cours des trois premiers trimestres de 2019 a attiré beaucoup d'attention dans le secteur de la crypto.

Lorsque vous avez autant de succès que LINK, le monde parle de vous, peu importe le temps et les efforts que vous consacrez à la commercialisation de votre propre crypto-monnaie.

Chainlink est l'exemple classique d'une ICO qui a incroyablement bien tourné. Tant pour la société Chainlink que pour le jeton LINK, et bien sûr pour tous les investisseurs qui ont mis ensemble les premiers millions sur la table. Si vous aviez participé pour 100 euros en 2017 ? Alors aujourd'hui, vous n'auriez empoché que 3 700 dollars sur ce montant. Pas mal, non ? Le prix de l'action de Chainlink est passé de 0,09 cents à plus de 5 dollars.

Et même si les résultats passés ne sont pas une garantie pour l'avenir, le potentiel de Chainlink (et avec lui également LINK) est illimité. Alors que de plus en plus d'entreprises investissent dans la blockchain et cherchent des solutions pour intégrer leurs ensembles de données à ceux d'autres entreprises, la solution oracle de Chainlink se révélera incroyablement inventive.

Et comme la technologie de Chainlink devient plus populaire, plus d'opérateurs de nœuds sont nécessaires. Plus il y a d'opérateurs de nœuds nécessaires, plus ils sont payés ensemble. Et plus ils seront payés ensemble, plus il y aura de demande pour LINK.

Conclusion

Vous devriez maintenant avoir une bonne idée de la façon de procéder à votre propre évaluation des risques lorsqu'il s'agit d'investir dans les crypto-monnaies. Et, avant de commencer, assurez-vous d'avoir un plan, de faire vos recherches et d'être impatient de connaître la valeur de la pièce dans laquelle vous souhaitez investir.

L'une des règles les plus importantes en matière d'investissement est de s'informer sur le battage médiatique avant de commencer. Au lieu de payer pour le profit de quelqu'un d'autre avec le prochain système de pompage et de déversement, assurez-vous que votre investissement est calculé.

Et, si vous voulez réaliser d'énormes profits avec le day trading, en tirant de l'argent réel des systèmes de pompage et de déversement mentionnés précédemment, assurez-vous d'obtenir une source d'information fiable. Il existe de nombreux groupes d'investissement gratuits et payants qui peuvent vous fournir des informations solides sur les pièces ayant un fort potentiel de trading à court terme.

Si vous aimez le son d'une approche à haut risque et à haute récompense des cryptocurrences, le trading des Futures de Binance pourrait être une option.

Faites-nous savoir ce que vous pensez de ce livre et, s'il s'est avéré utile, laissez-nous un commentaire afin que d'autres puissent en bénéficier également.

Merci d'avoir lu notre livre, et bonne chance pour vos futurs investissements !

Nos livres

Consultez notre autre livre pour en savoir plus sur les NFT, le trading et la vente de NFT, comment faire des bénéfices et les conseils et stratégies essentiels pour un démarrage sans faille dans l'univers des NFT.

Rejoignez le cercle exclusif des éditeurs de Stellar Moon !

Vous aurez un accès instantané à la liste de diffusion avec des mises à jour de nos experts chaque semaine !

Inscrivez-vous ici dès aujourd'hui :

https://campsite.bio/stellarmoonpublishing

CPSIA information can be obtained
at www.ICGtesting.com
Printed in the USA
BVHW040742171121
621783BV00015B/398